AF345192

1914 Avril 2

HOTEL DROUOT — SALLE N° 11

Le Jeudi 2 Avril 1914

A 2 HEURES

EXPOSITION PUBLIQUE

Le Mercredi 1er Avril 1914

DE 2 HEURES A 6 HEURES

Objets Antiques

Me E. BOUDIN

COMMISSAIRE-PRISEUR

14, Rue Grange-Batelière

M. J. ENKIRI

EXPERT

46, Rue de Grenelle

IMPRIMERIE :: ::
C. CHAUFOUR :7
6-8, RUE MILTON
PARIS :: :: :: ::

ANTIQUITÉS

de Syrie, de Grèce et de Perse

VERRES IRISÉS

Terres cuites, Vases peints

FAIENCES IRISÉES & AUTRES

BEAUX TAPIS D'ORIENT

VENTE

HOTEL DROUOT - SALLE N° 11

Le Jeudi 2 Avril 1914

A 2 HEURES

Mᵉ E. BOUDIN

COMMISSAIRE-PRISEUR

14, Rue Grange-Batelière

M. J. ENKIRI

EXPERT

46, Rue de Grenelle

EXPOSITION PARTICULIÈRE : chez M. ENKIRI, 46, Rue de Grenelle
les Lundi 30 et Mardi 31 Mars 1914, de 2 h. à 6 h.

EXPOSITION PUBLIQUE : Hôtel Drouot, Salle n° 11
le Mercredi 1ᵉʳ Avril 1914, de 2 heures à 6 heures

CONDITIONS DE LA VENTE

La vente aura lieu expressement au comptant.

Les acquéreurs paieront dix pour cent en sus des enchères.

M. ENKIRI, Expert, 46, rue de Grenelle, se charge d'exécuter à titre gracieux les commissions qui lui seront confiées.

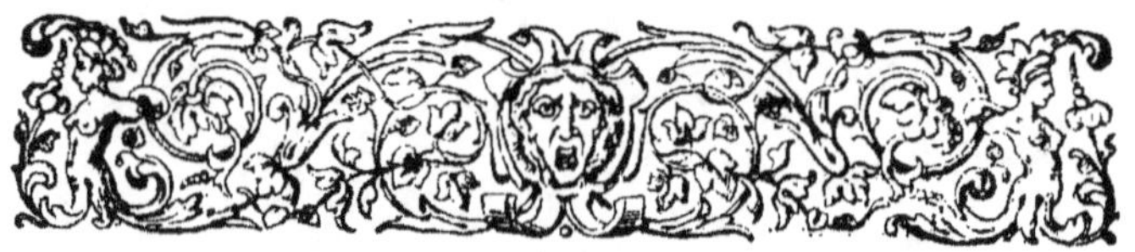

DÉSIGNATION

VERRES IRISÉS ANTIQUES
Trouvés en Syrie

1 — Animal long à quatre pieds, probablement un porc.
Irisé.

> Pièce rare et curieuse.
>
> Long. : 0ᵐ25.

2 — Gobelet arabe, forme corolle. Irisé.

> Traces d'émail.
>
> Haut. : 0ᵐ13.

3 — Très jolie petite veilleuse de mosquée, forme coupe.
Magnifiquement irisée.

> Haut. : 0ᵐ03 ; Diam. : 0ᵐ07.

4 — Jolie petite coupe, couleur bleu-vert. Très irisée.

> Haut. : 0ᵐ03 ; Diam. : 0ᵐ08.

5 — Petite bouteille piriforme, col étroit, bas. Magnifiquement irisée.

> Haut. : 0ᵐ07.

6 — Élégant petit lécythe bleu à pied, anse fine, panse
pomiforme, col, ouverture à larges bords. Belle irisation cendrée.

> Haut. : 0ᵐ06.

7 — Beau flacon, panse ornée de cannelures, col entonnoir. Magnifiquement irisé.

Haut. : 0^m08.

8 — Jolie petite veilleuse de mosquée. Très bien irisée.

Haut. : 0^m03; Diam.: 0^m06.

9 — Flacon à panse pomiforme et ouverture large. Très irisé.

Haut. : 0^m05.

10 — Bol. Magnifiquement irisé.

Haut. : 0^m04; Diam. : 0^m11.

11 — Bouteille piriforme, col étroit et bas. Très bien irisée.

Haut. : 0^m12.

12 — Grosse bouteille à panse pomiforme, col, ouverture à doubles rebords. Très irisée.

Rare.

Haut. : 0^m26.

13 — Grand lécythe, panse rouleau, anse ronde, col, ouverture évasée. Irisé.

Haut.: 0^m22.

14 — Flacon à panse ronde et basse, col très bas orné de deux anses. Très bien irisé.

Haut. : 0^m07.

15 — Gobelet. Très bien irisé.

Haut. : 0^m08.

16 — Petit flacon. Magnifiquement irisé.

Haut. : 0^m04.

17 — Petite coupe en pâte brune rayée et pointillée de jaune et de blanc, formant mosaïque.

Haut.: 0^m04; Diam.: 0^m10.

18 — Petite amphore phénicienne en pâte bleu foncé,
ornée de dessins jaunes incrustés, pied et deux anses.

Haut. : 0m08.

19 — Fuseau rouge orné de dessins blancs incrustés.

Haut. : 0m12.

20 — Petite bouteille bleue et un bracelet. Magnifiquement
irisés.

21 — Jolie petit lécythe orné d'une anse bleue. Très bien
irisé.

Haut. : 0m08.

22 — Très beau flacon pomiforme, col entonnoir. Magnifiquement irisé.

Haut. : 0m08.

23 — Œnochoé à panse pomiforme, col, anse, bec trilobé. Très irisée.

Haut. : 0m09.

24-25 — Deux bols. Très bien irisés.

26 — Belle bouteille à panse pomiforme et cannelée, col,
ouverture à larges bords. Magnifiquement irisée.

Haut. : 0m09.

27 — Elégante petite bouteille à panse piriforme ornée de
côtes saillantes, col. Très bien irisée.

Haut. : 0m05.

28 — Flacon rouleau. Très bien irisé.

Haut. : 0m10.

29 — Deux petits fuseaux. Magnifiquement irisés.

30 — Belle bouteille pomiforme. Très bien irisée.

Haut. : 0m08.

31 à 33 — Trois jolis petits flacons. Magnifiquement irisés.

34 — Beau flacon à panse pomiforme ornée de dessins moulés, col entonnoir. Très bien irisé.

Haut. : 0^m11.

35 — Beau flacon rouge, panse ornée de cannelures, col entonnoir. Très bien irisé.

Haut. : 0^m09.

36 — Bouteille pomiforme ornée de côtes saillantes, col, ouverture évasée. Très bien irisée.

Haut. : 0^m09.

37 — Belle bouteille. Magnifiquement irisée.

Haut. : 0^m14.

38 — Élégante bouteille rougeâtre à panse piriforme ornée de filets agglutinés. Très bien irisée.

Haut. : 0^m09.

39 — Petit flacon à panse ornée de losanges moulés, col entonnoir. Très bien irisé.

Haut. : 0^m07.

40 — Flacon piriforme à col entonnoir. Très bien irisé.

Haut. : 0^m09.

41 — Beau lécythe à panse piriforme, anse large et plate, col orné d'un gros cercle, ouverture évasée. Magnifiquement irisé.

Haut. : 0^m15.

42 — Flacons jumeaux à deux petites anses aux bords et ornés de filets agglutinés. Très irisés.

Haut.: 0^m11.

43 — Lécythe à panse piriforme, anse ronde, col, ouverture évasée. Très irisé.

Haut. : 0ᵐ10.

44 — Élégante bouteille piriforme, col étroit et long renflé vers la base. Très bien irisée.

Haut. : 0ᵐ12.

45 — Beau flacon à panse piriforme ornée de losanges moulés, col entonnoir. Magnifiquement irisé.

Haut. : 0ᵐ11.

46 — Flacon piriforme orné de côtes saillantes sur la panse, ouverture à larges bords. Très bien irisé.

Haut.: 0ᵐ09.

47 — Bouteille piriforme. Très bien irisée.

Haut. : 0ᵐ09.

48 — Lécythe jaunâtre, panse rouleau, anse large et plate, col, ouverture à larges bords.

Haut. : 0ᵐ15.

49 — Lécythe rouleau, anse large et plate, col bas, ouverture large. Très bien irisé.

Haut. : 0ᵐ14.

50 — Trois bracelets. Irisés.

51 — Bouteille pomiforme. Très irisée.

Haut.: 0ᵐ10.

52 — Lécythe à panse pomiforme, anse ronde et courbée, col orné de deux cercles. Très bien irisé.

Haut. : 0ᵐ13.

53 — Trois flacons différents. Irisés.

54 — Cinq colliers en pierres de couleurs et en perles irisés.

55 — Très belle amphore en pâte jaune ornée de deux anses au col, ouverture évasée. Magnifique irisation intérieure, couleur bouton d'or.

Haut. : 0^m19.

56 — Élégant flacon bleu lapis, panse pomiforme, col bas et orné de deux anses, ouverture à rebords. Irisé.

Haut. : 0^m08.

57 — Flacon rougeâtre à panse plate, long col. Irisé.

Haut. : 0^m09.

58 — Belle coupe plate et côtelée. Très bien irisée.

Diam. : 0^m13.

58 *bis* — Flacon bleu à panse pomiforme et très long col orné de filets. Irisé.

Haut. : 0^m23.

59 — Élégant lécythe à pied, panse amphorisque à dépressions, long col, ouverture évasée, anse ronde et et accoudée. Irisé.

Haut. : 0^m12.

60 — Petit flacon, panse à dépressions. Très bien irisé.

Haut. : 0^m04.

61 — Gobelet jaunâtre orné de pointes en émail noir.

Haut. : 0^m10.

62 — Fuseau bleu. Très irisé.

Haut. : 0^m12.

63 — Quatre bracelets. Irisés.

64 — Onze pièces différentes et irisées.
Seront vendues par deux ou trois.

65 — Grosse bouteille brune, panse piriforme, col très haut. Irisée.

Haut. : 0ᵐ22.

66 — Bouteille brune, panse piriforme, col bas. Irisée.

Haut. : 0ᵐ15.

67 — Bouteille brune pomiforme. Irisée.

Haut. : 0ᵐ11.

68 — Gobelet irisé.

Haut. : 0ᵐ10.

69 — Œnochoé, panse à dépressions, anse ronde, col, bec trilobé. Irisée.

Haut. : 0ᵐ10.

70 — Deux colliers en pierres dures de diverses couleurs et en faïence émaillée bleu turquoise.

TERRES CUITES ANTIQUES

71 — Jeune femme debout sur un socle. Elle est vêtue et tient de la main gauche un coffre. Ses cheveux sont frisés et surmontés d'un emblème de ville. Thèbes.

Traces de peinture.

Haut. : 0ᵐ34.

72 — Apollon nu et debout sur un socle. Thèbes.

Traces de peinture.

Haut. : 0ᵐ29.

73 — Satyre assis et tenant une écuelle. Thèbes.

Haut. : 0ᵐ14.

74 — Petit fragment présentant deux jeunes femmes drapées et debout. Travail au trait, excessivement fini. Thèbes.

75 — Jeune femme debout ajustant son voile. Elle a la tête tournée à gauche. Mirina.

Haut. : 0^{m}17.

76 — Minerve debout ayant l'Egide sur la poitrine, les bras manquent. Samtoun.

Haut. : 0^{m}21.

77 — Petite tête d'homme barbu et couronné de pampre, probablement Bacchus d'après l'ancien style. Samtoun.

Haut. : 0^{m}06.

78 — Statuette de femme, travail primitif.

Haut. : 0^{m}23.

79 — Statuette d'homme drapé et appuyé à un cippe. Tanagra.

Haut. : 0^{m}26.

80 — Vénus à sa toilette. La déesse est assise sur un lit de repos. A moitié nue, elle se masse les seins avec une lanière. Ses vêtements et ses bijoux sont à côté d'elle à gauche. Au bout du lit et à droite, un Eros enfant est debout et la regarde souriant. Tanagra.

Haut. : 0^{m}16; Larg. : 0^{m}17.

81 — Jeune femme debout et ajustant son voile, sa main gauche relève les plis extrêmes du voile. Très jolie statuette. Tanagra.

Haut.: 0^{m}22.

82 — Jeune femme debout ajustant son voile. Syrie.

Haut. : 0^{m}16.

83 — Jeune femme drapée assise et appuyée à une corniche. Douteuse.

Haut. : 0^m16.

84-85 — Deux pièces différentes. Douteuses.

VASES PEINTS ANTIQUES

86 — Amphore à fond jaune clair et dessins rouges Cercles et animaux sauvages. Corinthe.

Haut : 0^m14.

87 — Lécythe noir à dessin rouge : Génie ailé portant un coffret. Athènes.

Haut. : 0^m15.

88 — Lécythe noir à dessin rouge : Orateur assis sur une chaise. Il déclame; ses mains sont tendues en avant et sa bouche est entr'ouverte. Derrière la chaise un petit lécythe est dans le vide et va tomber. Athènes.

Haut. : 0^m17.

89 — Petit sifflet à fond gris et dessin noir : quatre personnages debout. Athènes.

Haut. : 0^m10.

90 — Lécythe à fond rouge clair et dessin noir : festin. Thèbes.

Haut. : 0^m14.

91 — Lécythe rouge clair à décor noir : trois personnages debout. Thèbes.

Haut. : 0^m14.

92 — Coupe profonde à pied et deux anses, animaux noirs sur fond jaune. Thèbes.

93 — Lécythe blanc à dessin noir, cercles et barres.
Chypre.

Haut. : 0^{m}18.

94 — Amphore noire à pied, panse cannelée, col à deux
anses et ornée de dessins jaunes : colliers et bijoux.
Italie.

Haut. : 0^{m}33.

95 — Lécythe rouge à dessins gravés. Italie.

Haut. : 0^{m}20.

MINIATURES PERSANES

96 à 105 — Dix miniatures différentes.

FAIENCES DE FOUILLES DE SYRIE
émaillées
Faïences bleu turquoise

106 — Très belle aiguière à panse énorme et col bas.
Irisée.

Haut. : 0^{m}30.

107 — Potiche irisée.

Haut. : 0^{m}21.

108 — Aiguière forme biberon. Très irisée.

Haut. : 0^{m}27.

109 — Amphore à pied et deux anses. Irisée.

Haut. : 0^{m}37.

110 — Brik irisé.

Haut. : 0^{m}16.

111 — Brik bec trilobé. Irisé.

Haut. : 0^m20.

112 — Un petit pot irisé.

Haut. : 0^m12.

113 — Pot à anse et ouverture très large.

Haut. : 0^m10.

FAIENCES A EMAUX DIFFERENTS

114 — Jolie petite lampe ayant l'anse formée d'un lézard. Email blanc très bien irisé.

Pièce rare.

Haut. : 0^m10.

115 — Bol émail blanc orné de quatre lignes bleues. Irisé.

Haut. : 0^m09; Diam. : 0^m19.

116 — Bol fond blanc à décor noir et bleu. Irisé.]

Haut. : 0^m08: Diam. : 0^m19.

117 — Bol fond blanc à décor rouge, métallique et bleu. Irisé.

Haut. : 0^m09; Diam. : 0^m20.

118 — Bol émaillé blanc et noir. Irisé.

Haut. : 0^m09.

119 — Un plat noir et bleu magnifiquement irisé.

120-121 — Deux bols émaillés blanc et noir.

122 — Vase-rouleau à large ouverture émail blanc. Très irisé.

Haut. : 0^m16.

123 — Vase rond à ouverture très large, émail blanc à
décor noir et bleu. Très irisé.

> Haut.: 0^m11 ; Diam.: 0^m15.

124 — Gargoulette à panse tournée et col renflé vers le
bord, émail blanc à décor rouge métallique. Irisée.

> Haut. : 0^m30.

125 — Brik à bec trilobé, émail blanc à décor rouge
métallique. Irisé.

> Haut. : 0^m18.

126 — Brik bleu turquoise, à décor noir. Magnifiquement
irisé.

> Haut. : 0^m16.

127 — Vase rond à très large ouverture, émail bleu turquoise à décor noir. Irisé.

> Haut. : 0^m09.

128 — Bol fond blanc, à décor noir et bleu, oiseau au
fond.

> Haut. : 0^m08; Diam. : 0^m18.

129 — Bol bleu turquoise à décor noir. Très irisé.

> Haut. : 0^m12; Diam. : 0^m23.

FAIENCES DE PERSE

130 — Brik bleu turquoise ancien.

> Haut. : 0^m13.

131 — Deux petites lampes émail bleu lapis, anciennes.

132 — Brik bleu turquoise, ancien.

> Haut. : 0^m27.

133 — Bol blanc à décor jaune métallique, figure fémi-
nine au fond, ancien.

Haut. : 0m08; Diam. : 0m19.

134 — Bol à reflets métalliques, décor polychrome, ancien.

Haut. : 0m06; Diam. : 0m15.

135 à 139 — Cinq assiettes à fond blanc, décor bleu de
Chine, anciennes.

140 à 151 — Douze potiches bleu turquoise à dessins noirs.

152 à 160 — Neuf potiches à fond blanc et décor bleu.

161 à 175 — Quinze plats bleu turquoise à décor noir.

TAPIS D'ORIENT

176 — Grand et beau tapis de soie à décor floral polychrome, le centre est orné d'une grande rosace claire
entourées de branchages à fond bleu.

4m15 sur 3m15.

177 — Beau petit tapis de soie à décor floral bleu sur
fond clair.

178 — Beau petit tapis de soie à décor floral jaune sur
fond clair.

179 — Beau petit tapis de soie à décor floral rouge cerise
sur fond clair.

180 — Beau petit tapis de soie à décors polychromes
séparés formant damier.

181 — Un grand et beau tapis de laine à décor polychrome sur fond clair.

182 à 185 — Quatre beaux petits tapis de prière en laine à décor polychrome sur fond rouge ou vert, ou bleu et jaune.

186 à 189 — Quatre beaux tapis de laine, à décor polychrome sur fond clair.

190-191 — Deux petits tapis de laine, décor polychrome sur fond rouge ou bleu.

192 à 193 — Trois grandes et très jolies broderies.

194 — Objets omis.